Los perros también aprenden

por Sharon Gordon
ilustrado por Anthony Carnabuci

Scott Foresman

Oficinas editoriales: Glenview, Illinois • New York, New York
Ventas: Reading, Massachusetts • Duluth, Georgia
Glenview, Illinois • Carrollton, Texas • Menlo Park, California

Conozcan a Nieve. Es una perra de trineo.
Vive en el Ártico, donde hace mucho frío.

Éstos son los cachorritos de Nieve. Les gusta jugar como a todos los cachorros. Pero, incluso a esa edad, a los perros de trineo les encanta correr y tirar.

En el Ártico, la nieve cubre el suelo la mayor parte del año. A veces es difícil para las personas y los carros llegar a ciertos lugares. El hielo, el frío y la oscuridad hacen difícil ir de un lado a otro en el Ártico. Muchos han tratado inútilmente de llegar a pie al Ártico. Allí es donde resultan útiles los perros.

Estos perros especiales pueden tirar un trineo a través de una montaña de nieve. Pueden atravesar un mar de hielo. ¡Ni siquiera una fuerte tormenta de nieve o un viento glacial los pueden detener!

¡Los perros de trineo son fuertes! Tienen que ser muy fuertes para tirar una pesada carga en la nieve profunda. Para mantenerse fuertes y sanos, comen carne y pescado. Y beben mucha agua y nieve. Nada los detiene, ni la oscuridad ni el frío de las nieves del Ártico.

Los perros de trineo son muy inteligentes. Deben ser inteligentes para no perderse cuando hay mal tiempo. ¡Pueden recordar cómo volver a casa aun con un viento glacial y una tormenta de nieve!

Algunos perros de trineo se usan para carreras. Las carreras de trineos son muy populares. Es un deporte muy emocionante.

Pero otros, como Nieve, tienen un importante trabajo que hacer. Transportan comida y medicinas en trineo. Los cachorros de Nieve tienen mucho que aprender antes de poder llamarse perros de trineo.

Ésta es la entrenadora de Nieve. También entrenará a los cachorros. Ahora, los cachorros están aprendiendo a usar un collar. La entrenadora les demuestra cómo jalar cosas con el collar.

Lo más importante que deben aprender los cachorros es a trabajar en equipo. El entrenamiento empieza cuando tienen alrededor de seis meses de edad.

Cada equipo tiene un líder. El líder normalmente está al frente del equipo. Este perro debe ser muy inteligente y rápido. Todo el equipo deberá mantener el ritmo del líder. A veces se necesitan dos perros para guiar un equipo.

Cada perro tiene un trabajo que hacer. Normalmente, los perros más fuertes están atrás, cerca del conductor. Algunos perros ayudan a guiar el trineo. ¡Juntos forman un gran equipo!

—¡Adelante! —dice la entrenadora.

Los perros deben aprender a escuchar y obedecer.

—¡Alto! —grita ella. Ahora deben aprender a detener el trineo, ¡y rápido!

En pocos meses, el joven equipo tirará por primera vez de un trineo. El equipo podría contar con algunos perros mayores. O podría tirar de un trineo vacío.

La próxima vez, la carga será un poco más pesada. Cada vez, la trayectoria será un poco más larga. Pronto, Nieve y sus cachorros harán lo que a los perros de trineo les resulta más emocionante: ¡correr y tirar!